AF268141

COMPTE-RENDU

DU

COMITÉ CENTRAL

DE LA

GARDE NATIONALE

ET DE LA

COMMISSION DÉPARTEMENTALE

POUR

SECOURS AUX MILITAIRES

PRISONNIERS & EN CAMPAGNE

LYON

IMPRIMERIE J. ROSSIER, SUCCESSEUR D'A. PERISSE

— 47, RUE MERCIÈRE, 47 —

1871

COMPTE-RENDU

DU

COMITÉ CENTRAL

DE LA

GARDE NATIONALE

ET DE LA

COMMISSION DÉPARTEMENTALE

POUR

SECOURS AUX MILITAIRES

PRISONNIERS & EN CAMPAGNE

Avant d'entrer dans l'aridité des chiffres, nous désirons donner quelques explications sur la formation des divers comités qui se sont groupés ensemble pour donner plus d'homogénéité au bien que se proposait de faire l'œuvre entreprise par tous.

L'initiative du *Comité central de la garde nationale* revient au 3me bataillon, dans la personne de son chef, M. Charriot, assisté de M. Luville, qui convièrent messieurs les chefs de bataillon à envoyer un délégué pour former une commission de secours et recevoir les quêtes faites dans les compagnies de la garde nationale en faveur des militaires prisonniers et en campagne.

Vingt-huit délégués se rendirent à la première séance,

qui fut présidée par le général de la garde nationale, dans laquelle on procéda à la nomination du bureau. M. Charriot, président; M. Luville, vice-président; M. Silvan, trésorier; M. Reybert, secrétaire; MM. Quenin et Brissaud, assesseurs.

Des avis de quêtes et des imprimés de souscriptions furent remis à chaque délégué, pour être distribués dans les compagnies, batteries, escadrons, avec prière à messieurs les officiers de vouloir bien s'occuper immédiatement des quêtes en argent et en nature. Les sommes reçues devant être converties en vêtements, et être portées par des délégués du Comité, soit à nos prisonniers en Allemagne, soit à nos soldats en campagne, souffrant des rigueurs de l'hiver.

79 compagnies sur 225 ont appporté fidèlement leurs collectes au Comité, et produisirent par la garde nationale la somme de 29,635 fr. 91 c.

Les communes du département envoyant leurs collectes à la préfecture et à la mairie de notre ville, une Commission fut nommée par la préfecture pour la réception et la répartition de ces dons.

Cette Commission, comprenant qu'il y aurait double emploi entre le Comité de la garde nationale et le leur, nous offrit de fusionner, afin de donner plus d'ensemble dans les travaux. Le *Comité de la garde nationale* s'empressa d'accepter, et un nombre égal de délégués du *Comité départemental* vint s'adjoindre au premier. Le Bureau, ou commission exécutive, fut doublé. M. Carle fut élu vice-président; M. Vacher, trésorier; M. Flottard, secrétaire; MM. Millaud et Chavent, assesseurs; plus, deux secrétaires adjoints, MM. Genin et Fauchier.

Une Commission de douze membres, sous la présidence

de M. Manissier, spécialement chargée de recevoir les dons en nature, s'installa dans des magasins construits à cet effet au palais Saint-Pierre (1).

Les Dames du *Comité de travail pour l'armée française,* dont la principale ressource était les quêtes à domicile, n'étant plus autorisées à les faire, réclamèrent envers notre Comité pour avoir une part de nos recettes. Le Comité reconnut la justesse de cette demande, vota que le tiers de ses ressources serait versé dans la caisse du Comité de travail.

Il régna dans le commencement un peu de froideur entre notre Commission de réception et le *Comité des dames,* froideur qui se changea bientôt par une entente parfaite lorsqu'il s'agit d'envoyer des vêtements nécessaires à nos pauvres soldats en campagne, accompagnés par nos délégués.

Notre but principal, qui était de porter des dons en nature à nos prisonniers français en Allemagne, a été détourné par l'obstacle des douanes prussiennes, malgré tout le concours bienveillant du *Comité suisse.*

Un de nos délégués, M. Marieton, porteur de la somme de 20,000 francs, partit pour l'Allemagne et y fit des achats de vêtements divers, puisque la douane refusait le passage des effets neufs, les vieux coûtant plus de port que leur valeur.

16,000 francs ont été consacrés à des achats de tricots flanelles, chaussettes de laine. Les 4,000 francs restant furent remis à un comité de dames françaises en Allemagne, afin de venir en aide aux officiers français n'ayant pas de fortune, la modique paye qu'ils avaient pour vivre en Allemagne ne suffisant pas à leur besoin. Cet argent et ces vête-

---

(1) Voir le compte-rendu de M. Manissier, page 7.

ments ont été remis à nos prisonniers en garnison dans les villes placées sur les bords du Rhin.

En finissant remercions tous les hommes généreux qui ont bien voulu donner leur temps, sacrifier leur santé en quittant leur foyer pour porter sur le lieu du combat, et par 18 à 20 degrés de froid, les divers objets nécessaires à nos braves soldats et gardes nationaux.

Remercions aussi les dames du *Comité* de *travail* qui dégarnissaient leurs magasins en faveur de nos délégués. Merci donc, Mesdames, car vous nous avez rendu la valeur double en produit de votre travail de ce que nous vous avons remis en argent.

Merci aussi à tous nos donateurs ; grâce à eux, nous avons pu soulager bien des misères et mener à bien notre œuvre.

Sur la demande de nos trésoriers et sur leurs vives instances, une commission de trois membres s'est rendue près d'eux pour vérifier les comptes.

Les décomptes présentés par les trésoriers et la commission des objets en nature sont adoptés.

L'assemblée, considérant que le *Comité* n'avait plus lieu de continuer ses travaux, a prononcé sa dissolution.

PROCÈS-VERBAL DE LA SÉANCE DU 5 JUIN 1871

Sous la présidence de M. CHARRIOT, assisté de MM. MILLAUD et SILVAN

Sur la proposition de divers membres, il a été décidé que les fonds restant en caisse seraient consacrés à l'achat de vêtements de travail qui seraient délivrés aux soldats licenciés rentrant d'Allemagne; que cette distribution serait faite par les soins de la commission émanant de notre Comité, qui est chargé des secours aux victimes de la guerre, sous la présidence de M. Chanal.

Lyon, le 10 juin 1871.

SECOURS AUX MILITAIRES PRISONNIERS

ET EN CAMPAGNE

L'empressement avec lequel les populations du Rhône et d'autres localités, vinrent en aide à la commission de réception des dons en nature installée au Palais des Arts, à Lyon, lui permettait de faire un premier envoi à nos armées le premier janvier de cette année.

MM. VERRIÈRE et BATIFOIT, membres de cette commission accompagnaient cet envoi qui était de onze colis dont cent paires de souliers acquis des deniers alloués par un vote précédent, plus deux balles vareuses données par les dames du comité de travail nos bienfaisantes auxiliaires dont le zèle et le dévouement n'ont pas cessé d'être à la hauteur de la noble mission qu'elles s'étaient imposée, plus divers paquets à l'adresse des première et deuxième légions du Rhône et du général Garibaldi.

Le deuxième eut lieu le 14 janvier, M. Brissaud, aussi membre de la commission avec MM. Tardy et Jaboulay, pour adjoints, était chargé de cette distribution : les colis étaient au nombre de quinze, plus cinq remis par les dames du comité.

Le 22 janvier, M. Verrière, dont le concours nous a été si utile, sur l'invitation de ces dames, repartait de nouveau emmenant avec lui cinq colis dont un seulement provenait de votre commission.

Ces deux envois ont été, ainsi que le premier, distribués dans le parcours de Chalon, Autun, Dijon, Besançon, Clerval, etc., etc., aux divers corps de nos armées ainsi qu'une caisse et une balle destinées aux francs-tireurs de Colmar.

Nos soldats venaient de chercher un refuge en Suisse!..... Et le 10 février M. Place, un de nos collègues aussi, partait pour cette destination avec quinze colis dont deux caisses qui avaient leur destination, quatre colis remis par le comité des dames.

Puis le 16 février, j'adressais à M. le ministre de France à Berne, cinq cents chemises et cinq cents caleçons acquis avec les fonds votés à cet effet dans une séance précédente, plus deux balles lainage.

Je ne parlerai que pour mémoire, ou plutôt pour remercier de nouveau les dames du comité de travail de la remise qu'elles ont faite à M. Quenin, membre du comité, de six colis pour être aussi distribués en Suisse.

M. Verrière a également rempli une mission pareille dans l'Isère, avec des colis de la même provenance.

Puis le 16 mars il est reparti de nouveau dans l'Isère, accompagné de M. Fleuret, capitaine d'état-major qui s'est empressé, sur la demande qui lui en a été faite, de nous prêter son concours pour distribuer aux mobiles de Belfort, huit colis dont quatre nous avaient été remis par ces dames.

Enfin, quelques jours après, sur la demande du capitaine TOURNIER, j'expédiais à St-André-le-Gaz, une caisse énorme d'objets de toute sorte.

Voici, Messieurs, le résumé succinct et exact des opérations de votre commission qui se composait de MM. MANISSIER, SORDET, VERRIÈRE, ARMAND, BATIFOIS, BUFFAUT, Comte RIVOIRE, CHAVANT, BRISSAUD, PLACE et PUITON.

Lyon, le 30 mai 1871.

Le Président,

DE LA COMMISSION DES DONS EN NATURE

MANISSIER.

COMMISSION DES DONS EN NATURE

Il a été remis, par divers donateurs, chaussettes, tricots, caleçons, chemises, flanelles, etc., 8,500 objets, qui ont été distribués :

Armée des Vosges, de l'Est et de la Loire, envois des 1er, 14, 22 janvier.	3,187 pièces.
A nos soldats en Suisse.	2,134 »
Aux mobiles de Belfort et dans l'Isère	996 »
Au bureau palais Saint-Pierre	1,097 »
Restant en magasin et vendus.	442 »
	8,656

COMITÉ CENTRAL

DE LA

GARDE NATIONALE

ET DE LA

COMMISSION DEPARTEMENTALE

POUR

SECOURS AUX MILITAIRES PRISONNIERS ET EN CAMPAGNE

VERSEMENTS OPÉRÉS EN ESPÈCES
Par la Garde nationale de Lyon.

1ᵉʳ Bataillon.

Collecte de la première compagnie		500	»
—	deuxième —	69	25
—	quatrième —	174	05
—	cinquième —	80	50
—	sixième —	233	»
—	septième —	374	95

1,431 75

3ᵐᵉ Bataillon.

Collecte de la première compagnie		76	05
—	deuxième —	406	50
—	troisième —	557	60
—	quatrième —	826	»
—	cinquième —	675	85
—	sixième —	833	85
—	septième —	807	15
—	huitième —	3,336	25

7,519 25

A Reporter......   8,951 00

Report.... 8,951 00

4me **Bataillon.**

Collecte de la troisième compagnie	937	57	
— quatrième —	200	»	1,303 07
— huitième —	165	50	

5me **Bataillon.**

Collecte de la première compagnie	773	75	
— cinquième —	400	»	1,173 75

6me **Bataillon.**

Collecte de la deuxième —	410	70	
— troisième —	368	20	
— cinquième —	277	50	
— sixième —	250	»	3,765 95
— septième —	1409	90	
— huitième —	1049	65	

7me **Bataillon.**

Collecte de la deuxième compagnie 270 00

8me **Bataillon.**

Collecte de la dixième compagnie 206 50

9me **Bataillon.**

Collecte de la deuxième compagnie	176	»	
— cinquième —	175	»	
— septième —	225	65	630 10
— dixième —	53	45	

10me **Bataillon.**

Collecte de la deuxième compagnie	57	»	
— troisième —	29	75	136 75
— huitième —	50	»	

A Reporter...... 16,437 12

Report.... 16,437 12

12me Bataillon.

Collecte de la première compagnie	325 30	
— deuxième —	338 85	
— troisième —	275 85	1,300 85
— cinquième —	122 85	
— huitième —	237 85	

13me Bataillon.

Collecte de la première compagnie....	272 20	
— deuxième —	255 70	
— troisième —	320 95	1,427 85
— quatrième —	291 »	
— sixième —	288 »	

14me Bataillon.

Collecte de la deuxième compagnie....	435 25	
— septième —	300 »	735 25

15me Bataillon.

Collecte de la première compagnie	492 05	
— deuxième —	103 45	
— troisième —	350 20	
— quatrième —	150 »	1,955 07
— cinquième —	47 70	
— sixième —	500 »	
— septième —	311 67	

19me Bataillon.

Collecte de la troisième compagnie....	212 60	
— sixième —	234 35	697 37
— septième —	250 42	

20me Bataillon.

Collecte de la première compagnie	667 85	
Produit d'une loterie dans la même comp .	359 »	1,026 85

A Reporter..... 23,580 21

Report 23,580 21

21me Bataillon.

Collecte de la première compagnie	574	90	
— deuxième —	413	45	
— quatrième —	274	35	
— cinquième —	203	95	2,310 10
— sixième —	131	95	
— septième —	200	»	
— huitième —	511	50	

23me Bataillon.

Collecte de la troisième compagnie	301	»	
— quatrième —	120	»	869 40
— sixième —	448	40	

24me Bataillon.

Collecte de la troisième compagnie	200	»	
— quatrième —	100	»	558 95
— cinquième —	258	95	

25me Bataillon.

Collecte de la troisième compagnie	150	»	
— cinquième —	243	45	482 15
— sixième —	88	70	

Etat-major	319	15
3me Batterie d'artillerie (3 versements)	215	»
2me compagnie du génie	333	25
Escadron de cavalerie	300	»
Poste de Bellecour (Divers versements)	382	65
Quête au théâtre de Vaise	143	95
La 5e comp. du 13e bataillon et les pontonniers . .	17	55
Le 17e bataillon de garde aux Charpennes	14	80
Collecte à Sansouci	16	50
D'un poste de la garde nationale	12	»
Poste au Palais Saint-Pierre	77	60
Poste de la Boucle	2	65
Total versé par la garde nationale	29,635	91

SOUSCRIPTIONS RECUEILLIES

PAR LA

COMMISSION DÉPARTEMENTALE

Commune de Beaujeu.............	1731	75	
— Pollionay............	344	60	
— Chatillon	500	»	
— Thizy	1000	»	
— Craponne	572	25	
— Saint Bel	190	»	
— Dardilly (2ᵉ section)..	160	»	6,181 30
— Orliénas............	277	15	
— Courzieux	477	50	
— Vaulx-en-Velin	371	05	
— Point-du-Jour	200	»	
— Chatillon d'Azergues ..	300	»	
— des Chères............	147	»	
Mᵐᵉ Emélie de Nelle.......................		200	»
Madame Gucfia............................		20	»
Les ouvriers de M. Notaire, charron		210	»
M. Francon, secrétaire général		1542	30
De M. le préfet pour M. Churlet		50	»
De M. Bertholon préfet de la Loire		2142	30
M. A.-D		2	50
M. Jaume St-Hilaire		120	»
Anonyme		2	30
—		15	»

A Reporter..... 10,485 70

Report.....	10,485	70
Mademoiselle Elise Chalamel..................	852	50
M. Francon, secrétaire général...............	1777	30
Madame Ribeau	10	»
Anonyme	10	»
Loterie par un employé de la préfecture........	20	»
Total versé par la commision départementale.	13,155	50

SOUSCRIPTIONS RECUEILLIES

PAR M. VACHEZ, NOTAIRE

M. J.-B......................................	100	»
Madame veuve Ricard...................'.........	50	»
Paroisse du Moulin-à-Vent...................	163	65
M. Henri Bernus	6	»
Les ouvriers de MM. Richard et Radisson.......	100	»
M. Leroyer	100	»
Le tribunal civil de Lyon....................	1000	»
M. Letellier	50	»
La cour d'appel de Lyon	1500	»
M. Laugier d'Ardhui........................:	25	»
M. Charles Armand	25	»
M. Pelletot fils	40	»
M. Suchard	100	»
M. Romain Sauzet...........................	80	»
Madame veuve Ridé..........................	20	»
A Reporter......	3,359	65

Report.....	3,359	65
MM. Samuel frères de Neuville................	85	50
M. Jean Payet.........................	30	»
M. Chaunier..........................	50	»
M. Balloffet.........................	60	»
Anonyme..............................	30	»
— (Reçu par M. Flotard)..............	65	»
M. Radisson, bénéfice de jeu..................	3	50
M. Mathieu Dupont.......................	25	»
Loterie établie par MM^{lles} Marie et Jeanne Vachez	155	»
Total recueilli par M. Vachez...........	3,813	65

SOUSCRIPTIONS RECUEILLIES

AU PALAIS DES ARTS

PAR LA

COMMISSION DES DONS EN NATURE

Anonyme..................................	4	
Un pharmacien...........................	10	»
M. Grataloup............................	2	»
Une mère du 3me arrondissement.............	6	»
M. Cotton	20	»
La Cie du gaz de Vaise......................	200	»
M. Clarion Michel,......................	50	»
M. Vuaillot.............................	8	»
M. Gastru	5	»
La Commune de Saint-Genis-les-Ollières......	500	10
Don des Orphelines........................	5	»
A Reporter..	810	10

Report	810	10
Madame veuve Chomel	50	»
Madame Perret	5	»
Mademoiselle Fontaine........................	5	»
M. Villard..................................	25	»
La ville de Thizy............................	431	»
La Commune de Dardilly (1re section)	330	»
M. Faye....................................	12	50
Madame X	10	»
M. et Madame Fumony.......................	10	»
M. Ritton..................................	50	»
Madame Déglise...............................	1	50
MM. les chefs d'ateliers de la maison Schulz et Beraud	60	»
Madame Berthaud............................	300	»
M. Gabriel Angenieur	50	»
Anonyme	1	»
Mademoiselle Vallod, institutrice	70	»
Mademoiselle Lacharrière......................	5	»
Anonyme....................................	5	»
Madame Naquin..............................	7	»
Anonyme....................................	1	50
M. Buffaud.................................	11	25
M. Servit...................................	5	»
Reçu de l'Internationale indemnité pour un ballot égaré.....................................	801	»
Total recueilli par la Com^{on} des dons en nature..	3056	85

SOUSCRIPTIONS RECUEILLIES

PAR M. SILVAN, NÉGOCIANT

M. Bellingard	50	»
M. Chepier	20	»
M. Sargnon	20	»
M. Champagnon	100	»
Mademoiselle Orelle	8	75
M. Léon Belliveau	100	»
M. Taboureau	5	»
Quête au Temple Israélite	632	06
MM. Marc, Maurice, Edouard, Brossette	60	»
M. Roux de Genêve	10	»
M. Basset	2	»
Un bouquet de fête	11	25
M. Forel	5	»
M. le commandant Chariot	30	»
M. le capitaine Reybère	5	»
M. L., joallier	25	»
Un prêtre patriote	80	»
MM	10	»
Mᵐᵉ Percin à Montélimar produit d'une loterie	940	»
Mⁿᵒ Cochet	25	»
M. Chevalier	30	»
Total recueilli par M. Silvan	**2169**	**06**

DOIT	État de la Caisse	au 27 Avril 1871.	AVOIR

État de la Caisse — au 27 Avril 1871.

DOIT

Souscriptions recueillies par M. Silvan

1° De la garde nationale	28,644 81 }	30,813 87
2° De divers donateurs	2,169 06 }	

Souscriptions recueillies par la commission départementale.

1° De 13 communes	6,181 30 }	13,155 50
2° De divers donateurs	6,974 20 }	
1° De la garde nationale	991 10 }	
2° de 3 communes	978 60 }	
3° De divers donateurs	1,277 25 }	4,047 95
4° De l'internationale. Indemnité pour un ballot égaré	801 » }	

51,830 97

Souscriptions recueillies par Mᵉ Vachez, notaire.

De divers donateurs	3,813 65

Total versé entre les mains de M. Vachez, notaire 51,830 97

51,830 97

AVOIR

Payé facture Baudy, achat de 100 paires de souliers	1,000	»
— Aguettant, 6 douzaines caleçons	184	30
— Chomat, 200 chemises et 208 caleçons	1,080	»
— Neyret et Cie	2,600	»
—	280	»
— Salut public, divers imprimés	375	»
— Nigon — —	8	»
— — —	36	»
— à M. Manissier, dépenses diverses du 2? décembre 1870 à ce jour	822	90
— à M. le capitaine Reybert, menu frais	11	50
— à M. Silvan, trésorier, —	1	40
— Allocation de 250 francs par mois pour les frais de bureau et magasin, Palais Saint-Pierre :		
Décembre 1870. . . . . 250 » }		
Janvier . . 1871. . . . . 250 » }		
Février . . 1871. . . . . 250 » }	1,250	»
Mars . . . 1871. . . . . 250 » }		
Avril . . . 1871. . . . . 250 » }		
— à l'adjudant du génie pour location du local de la rue de la Bourse (4 mois à 15 francs)	60	»
— à MM. Aynard et Ruffert pour le 3ᵉ bataillon	120	»
Espèces envoyées à un prisonnier du nom de Bocquin	5	»
Payé au *Comité des Dames* pour leur 1/3 sur les recettes brutes, après déduction des frais de bureau et autres	16,531	57
Diverses allocations votées par le bureau, à la buvette de Perrache	4,000	»
Remis à M. Marietton pour distribuer aux prisonniers	20,800	»
Solde en caisse	3,465	30

51,830 97

Le compte approuvé le 27 avril 1871, par MM. Armand, Bernus & Place, membres de la commission nommée par le comité central de la garde nationale et de la commission départementale dans la séance du 17 avril 1871, pour vérifier la comptabilité présentée au comité par les trésoriers MM. Silvan et Vachez, se décomposait ainsi :

1. en recettes un chiffre de : 51,830 97
2. en dépenses un chiffre de. 48,305 67

3. et un excédant actif en recettes de 3,525 30

Mais comme le 8 mai 1871 il a été payé à l'adjudant de génie pour location du local de la rue de la Bourse, (4 mois à 15 francs), soit. . . . . 60 »

Il ne reste plus qu'un excédant actif de F. 3,465 30

DU 8 MAI AU 25 JUIN.

DÉPENSES			RECETTES		
Frais de bureau et magasin, palais Saint-Pierre, mai	250	»	Vente du solde en magasin.	316	70
Étrennes à divers services.	65	»	En caisse.	3,465	30
A M. Baudy, 17 paires chaussures.	178	50			
Menus frais.	818	15			
Impression du compte-rendu	160	»			
Frais de poste	30	»			
A verser d'après décision.	3,090	35			
BALANCE.	3,782	»	BALANCE.	3,782	»

LYON. -- IMPRIMERIE J. ROSSIER, RUE MERCIÉRE. 47.